W9-AQS-675

Leçons de Piano
Volume 1

Auteurs
Barbara Kreader, Fred Kern, Phillip Keveren, Mona Rejino

Traduction   *Illustrations*
Sylvie Fritsch   Fred Bell

PRÉFACE

Jouer du piano est vraiment fantastique. Mais avant d'en arriver là il faut apprivoiser et maîtriser les gestes de base. Ce livre a été conçu pour aider l'élève à progresser rapidement dans son apprentissage. Sa présentation ludique permet de comprendre facilement le fonctionnement de la musique et l'élève verra que tout en s'amusant il peut apprendre à bien jouer du piano. Et grâce au grand nombre d'exercices et de chansons originaux il avancera avec beaucoup d'efficacité.

Évidemment, on n'a pas toujours un professeur à ses côtés. L'accompagnement sur compact disc, que l'on peut se procurer séparément, rend le travail à la maison plus agréable. La pratique quotidienne devient plus motivante et les morceaux sonnent mieux encore.

Le recueil de **Leçons de Piano, Vol. 1** peut être accompagné du recueil de **Solos pour Piano, Vol. 1** où l'on trouve encore plus de chansons agréables à jouer et à écouter. Pour accompagner ces solos, il existe également un compact disc vendu séparément.

S'exercer devient désormais un vrai plaisir et petit pianiste deviendra grand !

Référence : 0577-00-401 DHE

ISBN 978-90-431-1091-4

Imprimé aux Pays-Bas.

SOMMAIRE

Pour suivre sa progression, l'élève peut cocher les morceaux déjà joués.

BIEN S'ASSEOIR

Vérifie…

… que tu es assis bien droit devant le milieu du clavier, juste en face des pédales. Reste détendu.

… que les avant-bras et les coudes sont à la hauteur du clavier dans l'alignement des touches du piano.

LA POSITION DES MAINS

1) Te voilà donc bien assis sur le tabouret. Laisse pendre tes bras le long de ton corps. Observe les mains. Elles forment naturellement un arrondi.

2) Garde cette position lorsque tu poses les mains sur le clavier. Surtout ne les crispe pas.

3) Lorsque tu joues, les doigts doivent être décrispés. La main doit être bien arrondie.

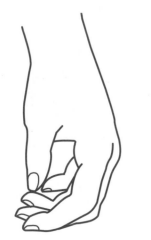

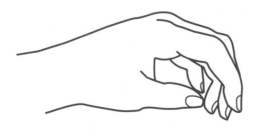

Garde le rythme !

Écoute les battements de ton cœur. Tu as sans doute remarqué que le rythme est régulier. Lorsque tu cours, ton cœur bat vite ; lorsque tu dors, il bat lentement, mais, dans les deux cas, il bat régulièrement.

Le rythme en musique

En musique, on parle également de battement ou de pulsation. Tout comme le rythme du cœur, cette pulsation peut être lente ou rapide.

Ton professeur va te jouer l'accompagnement trois fois de suite à trois vitesses différentes. À toi de frapper la pulsation avec les mains :

1) lentement   2) moyennement vite   3) rapidement

Tu peux aussi battre la pulsation sur une touche noire du piano, par exemple. N'oublie pas qu'elle est régulière.

Les chiffres indiqués correspondent aux plages du compact disc.

L'accompagnement est également disponible sur un compact disc que l'on peu se procurer séparément.

Accompagnement   1/2/3   *Répéter autant de fois qu'il le faut*   *Dernière fois*

L'aigu et le grave

Lorsque que tu écoutes l'accompagnement, tiens-toi à la gauche de ton professeur. Chante les paroles avec lui.

Après avoir chanté "je descends", joue les touches noires **en descendant (vers la gauche).**

Après avoir chanté "je remonte", change de côté et joue les touches noires **en montant (vers la droite).**

1) Sur le sol avancent doucement,
   l'escargot et le serpent.
   Je descends !

2) Comme un cerf-volant vir'voltant,
   le goéland vagabonde.
   Je remonte !

Grave ⟵   ⟶ **Aigu**

(Joue les touches noires en descendant.)   *(Joue les touches noires en montant.)*

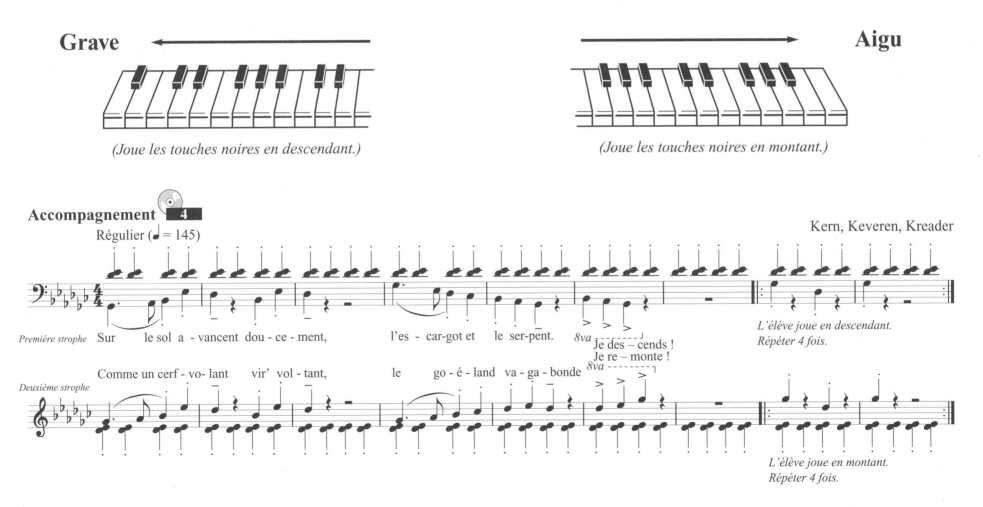

Accompagnement 4

Régulier (♩ = 145)

Kern, Keveren, Kreader

Première strophe Sur le sol a - vancent dou - ce - ment, l'es - car-got et le ser-pent. *8va* Je des - cends ! Je re - monte !

L'élève joue en descendant.
Répéter 4 fois.

Deuxième strophe Comme un cerf - vo- lant vir' vol - tant, le go - é - land va - ga - bonde *8va*

L'élève joue en montant.
Répéter 4 fois.

LE DOIGTÉ

Joins les mains et fais en sorte que la pulpe des doigts se touche.

Tapote les doigts 1 l'un contre l'autre (pouces)
Tapote les doigts 2 l'un contre l'autre (index)
Tapote les doigts 3 l'un contre l'autre (majeurs)
Tapote les doigts 4 l'un contre l'autre (annulaires)
Tapote les doigts 5 l'un contre l'autre (auriculaires)

Ensuite, essaie dans l'ordre suivant : Tapote l'un contre l'autre les doigts 4, 2, 5, 1 et 3.

LE CLAVIER DU PIANO

Le clavier du piano est composé de touches noires et de touches blanches. Les touches noires sont réparties sur l'ensemble du clavier par groupe de deux et de trois.

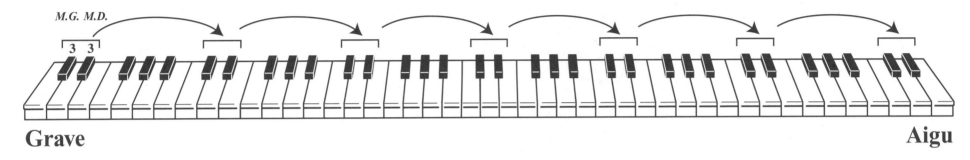

Grave

Aigu

DEUX TOUCHES NOIRES

Glisse les pouces sous la première jointure des doigts 3 (majeurs). Tu te serviras d'ailleurs des doigts 3 pour jouer les groupes de deux touches noires. Commence par jouer sur les touches noires situées à l'extrémité grave du piano puis remonte progressivement le clavier.

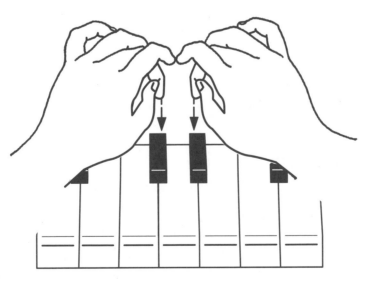

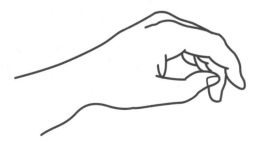

Lorsque tu interpréteras les deux morceaux intitulés "Monte" (page 8) et "Descend" (page 9), tu joueras les groupes de deux touches noires comme indiqué sur le croquis ci-contre.

Monte

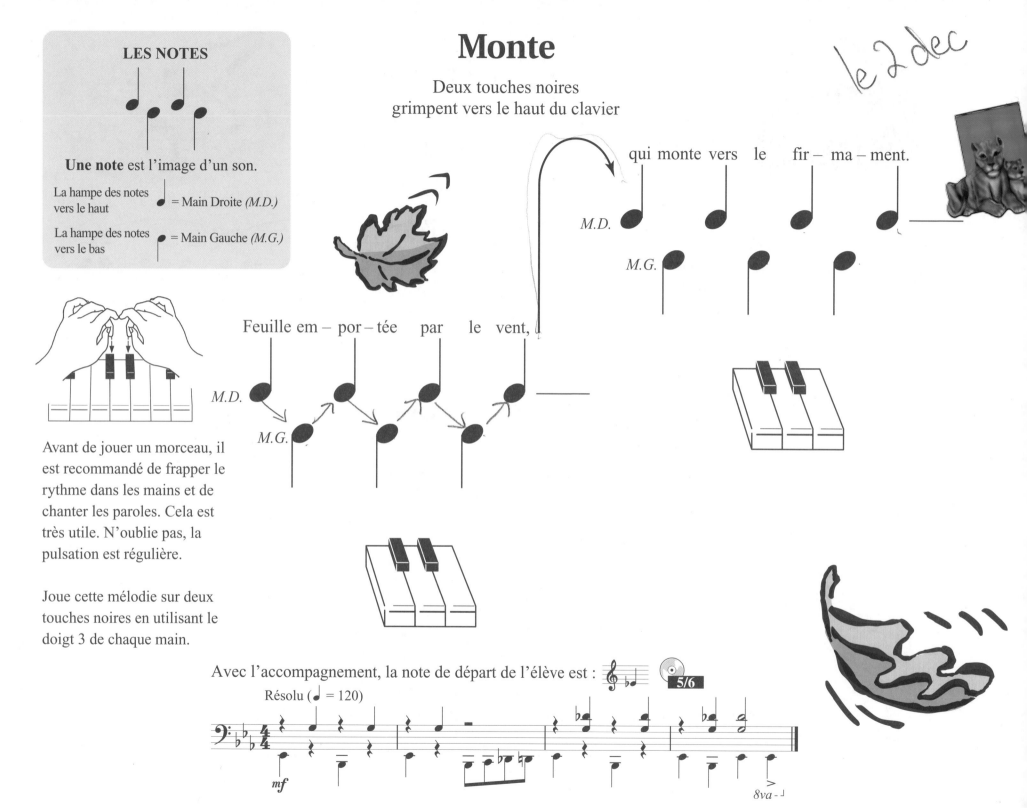

le 2 dec

LES NOTES

Une note est l'image d'un son.

La hampe des notes vers le haut ♩ = Main Droite (M.D.)

La hampe des notes vers le bas ♩ = Main Gauche (M.G.)

Deux touches noires
grimpent vers le haut du clavier

qui monte vers le fir – ma – ment.

M.D.

M.G.

Feuille em – por – tée par le vent,

M.D.

M.G.

Avant de jouer un morceau, il est recommandé de frapper le rythme dans les mains et de chanter les paroles. Cela est très utile. N'oublie pas, la pulsation est régulière.

Joue cette mélodie sur deux touches noires en utilisant le doigt 3 de chaque main.

Avec l'accompagnement, la note de départ de l'élève est :

5/6

Résolu (♩ = 120)

mf

8va -

8

Descend

Deux touches noires
descendent vers le bas du clavier

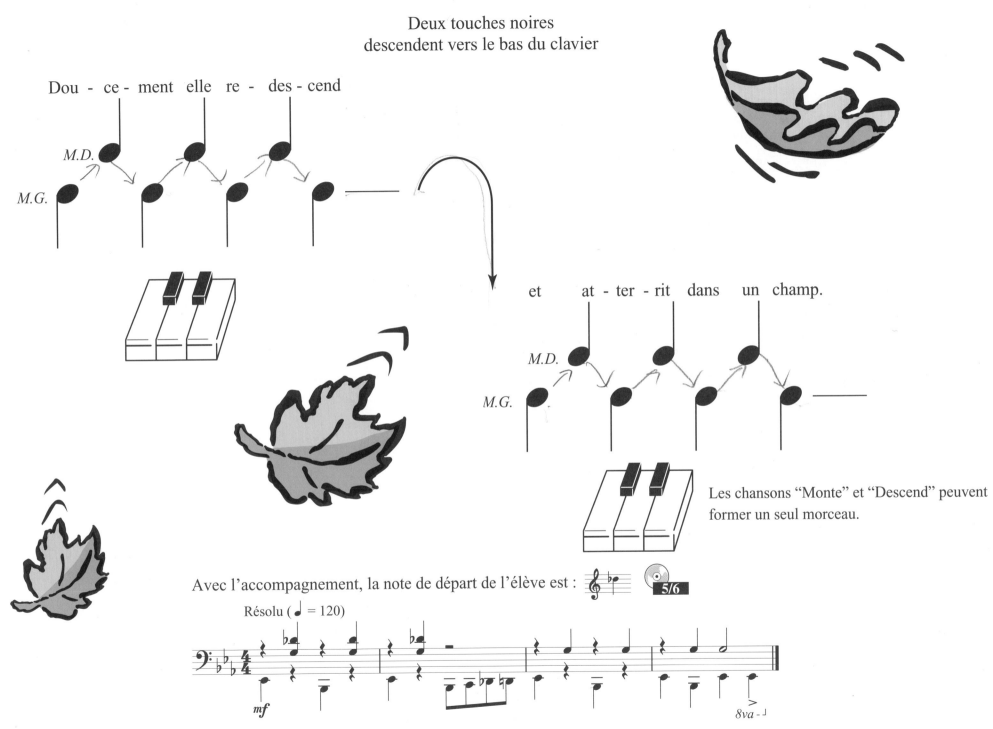

Dou - ce - ment elle re - des - cend

M.D.

M.G.

et   at - ter - rit   dans   un   champ.

M.D.

M.G.

Les chansons "Monte" et "Descend" peuvent
former un seul morceau.

Avec l'accompagnement, la note de départ de l'élève est :   5/6

Résolu (♩ = 120)

𝄢 ♭♭♭ 4/4

mf

8va -

Ma chanson

Choisis des groupes de deux touches noires sur la droite du clavier (registre aigu). Tu joueras ces touches avec les deux mains.

Écoute et essaie de ressentir la pulsation que te donne ton professeur. Lorsque tu es prêt, joue avec lui et construis ta chanson avec les touches noires.

Amuse-toi bien !

Accompagnement

TROIS TOUCHES NOIRES

le 2 dec

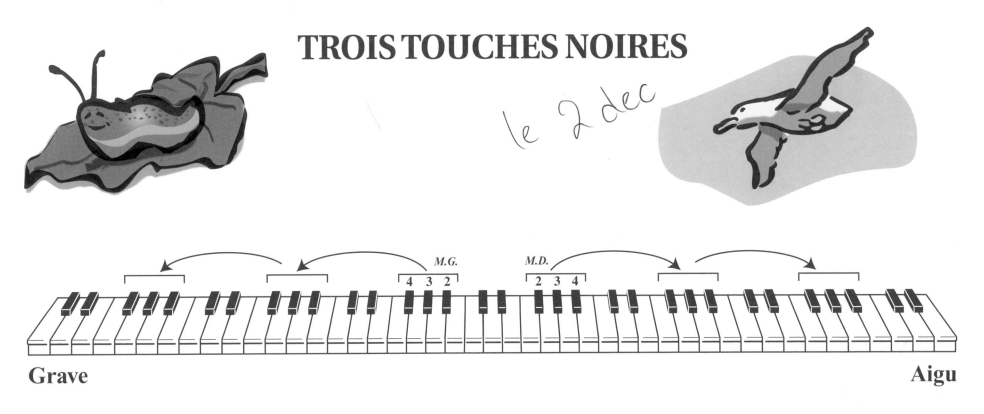

Grave

Aigu

La **main gauche** se concentre sur la partie gauche du clavier. Joue les groupes de 3 touches noires avec les doigts 2-3-4, en allant **vers le bas du clavier.**

La **main droite** se concentre sur la partie droite du clavier. Joue les groupes de 3 touches noires avec les doigts 2-3-4, en allant **vers le haut du clavier.**

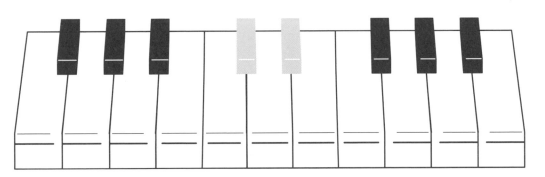

Rejoue le morceau "Ma chanson" en te servant cette fois-ci des groupes de 3 touches noires.

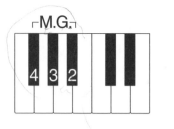
M.G.
4 3 2

Lorsque tu joues ces morceaux sans le professeur, sers-toi des touches situées au milieu du clavier.

Cela aide de frapper le rythme une première fois avant de jouer le morceau.

LA NOIRE

Les notes expriment la durée d'un son.
La **noire** vaut un temps.

Compte :   1   1   1   1

Avec les mains : Tape tape tape tape

LE SOUPIR

Les silences sont des signes qui indiquent l'interruption momentanée du son.
Le **soupir** vaut un temps.

Compte :   1   1   1   1

Avec les mains : Tape tape tape ouvre

le 2 dec.

Mon chien Max

Régulier

Mon   chien   Max   est   bril - lant,   on   dit   même   qu'il   est   sa - vant.

M.G.   2
        3
            4
                    2
                        3
                            4
                                4   4   3   3   2
                                                3
                                                    4

Avec l'accompagnement, la note de départ de l'élève est :   8/9

Régulier (♩ = 120)

mf

Les chansons "Mon chien Max" et "Les arts" peuvent former un seul morceau.

Les arts

Régulier

M.D.

La lec - ture, la mu - sique, les beaux - arts c'est fan - tas - tique !

Avec l'accompagnement, la note de départ de l'élève est :

Régulier (♩ = 120)

mf

13

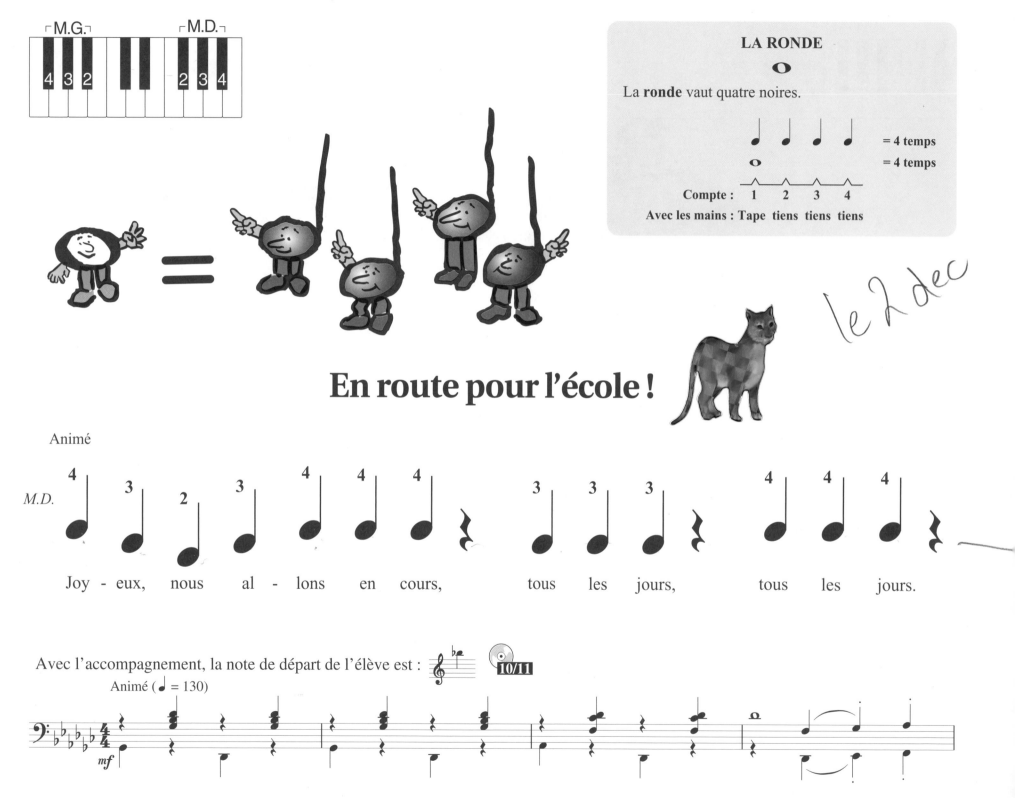

M.G.   M.D.

4 3 2   2 3 4

LA RONDE

𝅝

La **ronde** vaut quatre noires.

♩ ♩ ♩ ♩   = 4 temps

𝅝   = 4 temps

Compte :   1   2   3   4

Avec les mains : Tape tiens tiens tiens

le 2 dec

En route pour l'école !

Animé

M.D.

4   3   2   3   4   4   4   3   3   3   4   4   4

Joy - eux,   nous   al - lons   en   cours,   tous   les   jours,   tous   les   jours.

Avec l'accompagnement, la note de départ de l'élève est :   10/11

Animé (♩ = 130)

mf

14

Ce signe désigne le *cluster* (mot anglais signifiant : grappe, groupe). Il faut jouer une grappe de sons simultanément avec les doigts indiqués.

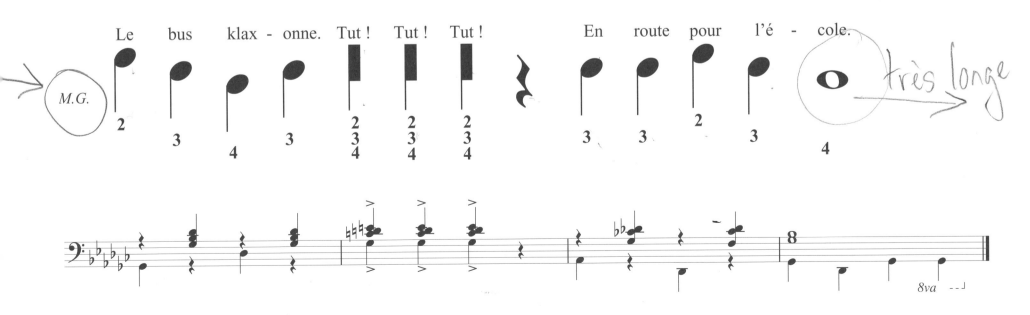

15

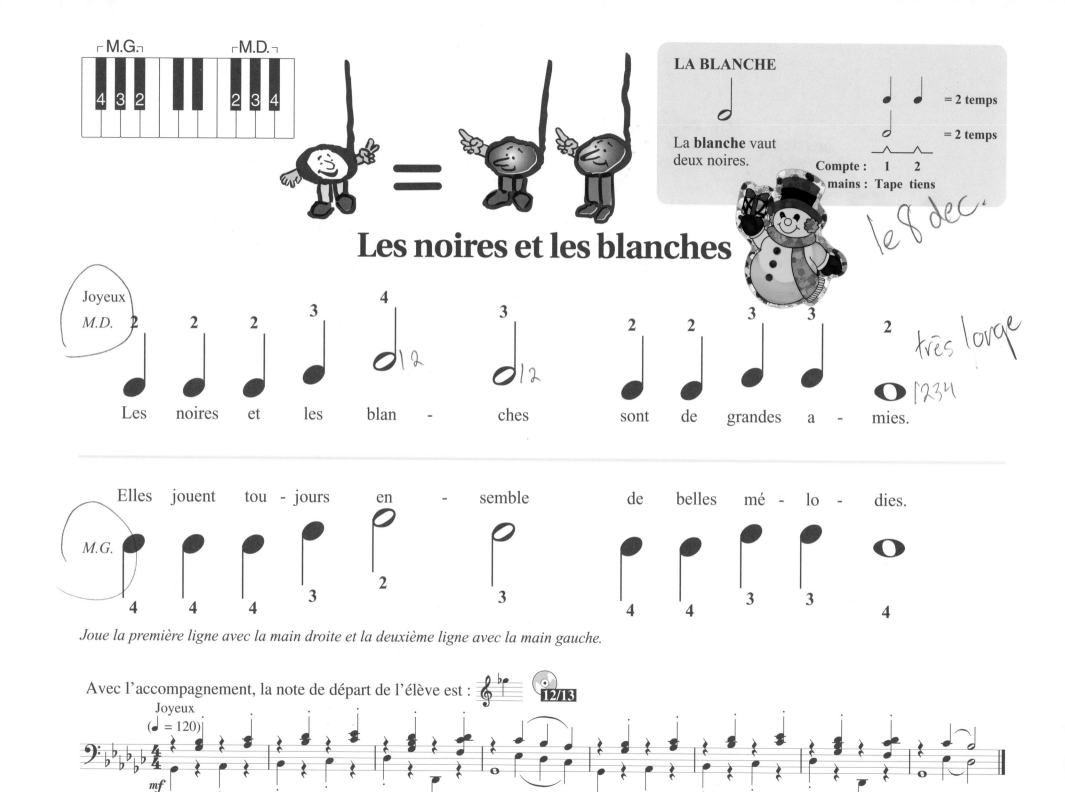

LA BLANCHE

La **blanche** vaut deux noires. = 2 temps

= 2 temps

Compte : 1 2
mains : Tape tiens

le 8 dec.

Les noires et les blanches

Joyeux
M.D.

Les noires et les blan - ches sont de grandes a - mies.

très longe

Elles jouent tou - jours en - semble de belles mé - lo - dies.

M.G.

Joue la première ligne avec la main droite et la deuxième ligne avec la main gauche.

Avec l'accompagnement, la note de départ de l'élève est :

Joyeux
(♩ = 120)

mf

16

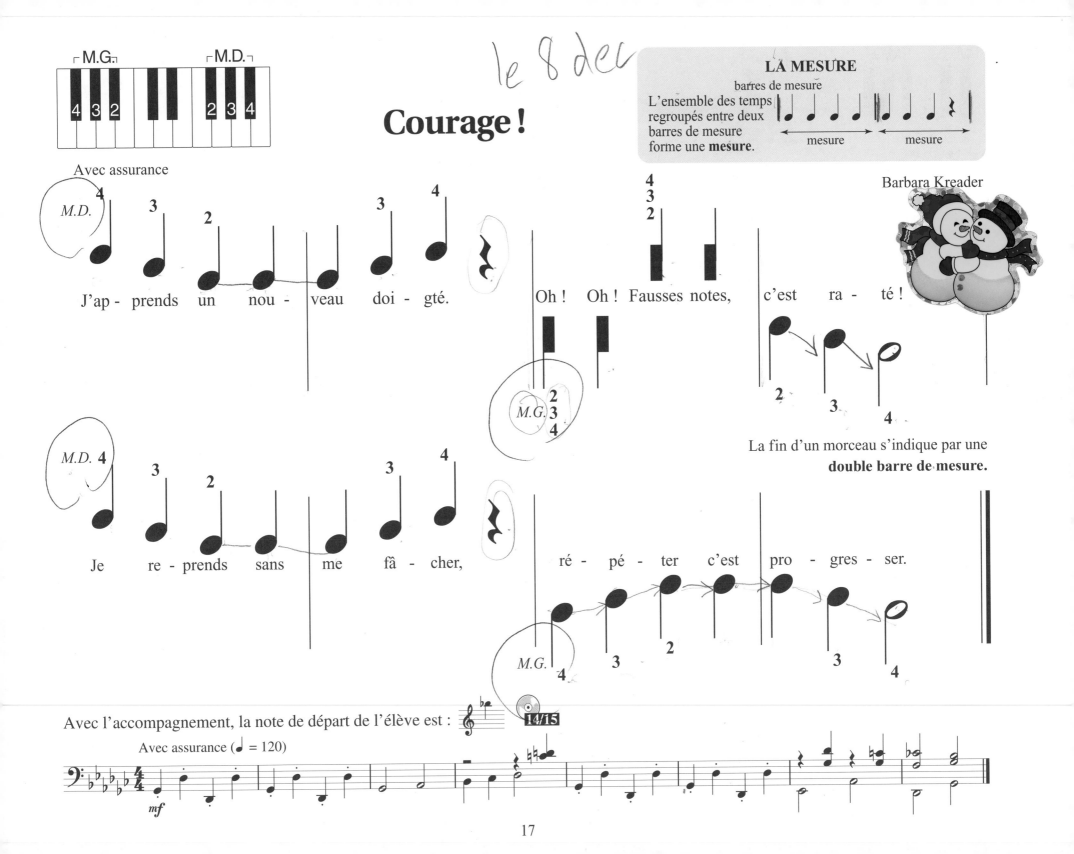

Courage !

le 8 dec

Avec assurance

Barbara Kreader

J'ap - prends un nou - veau doi - gté.

Oh ! Oh ! Fausses notes, c'est ra - té !

Je re - prends sans me fâ - cher,

ré - pé - ter c'est pro - gres - ser.

La fin d'un morceau s'indique par une **double barre de mesure.**

Avec l'accompagnement, la note de départ de l'élève est :

14/15

Avec assurance (♩ = 120)

mf

17

La récréation

Avec enthousiasme

Barbara Kreader

le 8 dec

LA DEMI-PAUSE

La **demi-pause**
vaut deux soupirs.

= 2 temps

= 2 temps

Tous les jours à la même heure, sonne le ca - ril - lon.

Vient pour no - tre grand bon - heur la ré - cré - a - tion.

Avec l'accompagnement, la note de départ de l'élève est : 16/17

Avec enthousiasme (♩ = 130)

mf

18

L'ombre de la nuit

Barbara Kreader

le 8 dec

À la tom - bée de la nuit, on voit des ombres à faire fré - mir.

Mais mon ours est gen - til, je peux m'en - dor - mir.

Avec l'accompagnement, la note de départ de l'élève est : 18/19

Tranquillement (♩ = 82)

p

Avec pédale

20

LA FAMILLE DES NOTES

Les touches blanches

La musique est un langage qui s'écrit à l'aide de notes. Elles ont sept noms différents. Chacune des sept notes se répète à plusieurs reprises sur les touches blanches du clavier.

À l'aide du doigt 3 de la main droite, joue et chante les notes trois fois de suite sur le rythme donné ci-dessous :

La soupe aux p'tites notes

L'élève jouera par cœur. 20

Fred Kern

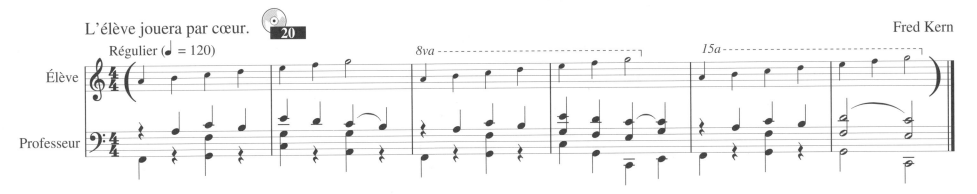

21

LES GROUPES DO RÉ MI

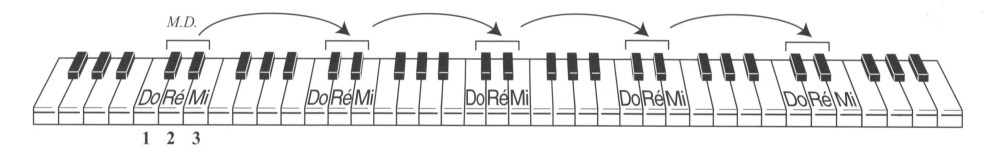

La main droite débute sur les touches situées à l'extrémité gauche du clavier.
Joue les notes Do-Ré-Mi avec les doigts 1-2-3.

Refais le même exercice en
te servant de la main
gauche et des doigts 3-2-1.

Ma chanson avec
Do, Ré, Mi

Choisis un groupe de touches Do-Ré-Mi sur la droite du clavier. Tu les joueras avec la main droite ou la main gauche.

Écoute et essaie de ressentir la pulsation que te donne ton professeur. Lorsque tu es prêt, joue avec lui en te servant des notes Do-Ré-Mi en montant puis en descendant (Mi-Ré-Do).

Pour finir, improvise en te servant de ces trois notes dans le désordre.

Amuse-toi bien !

23

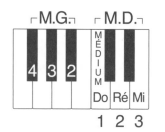

M.G. M.D.

le 16 dec

Vol en ballon

Phillip Keveren

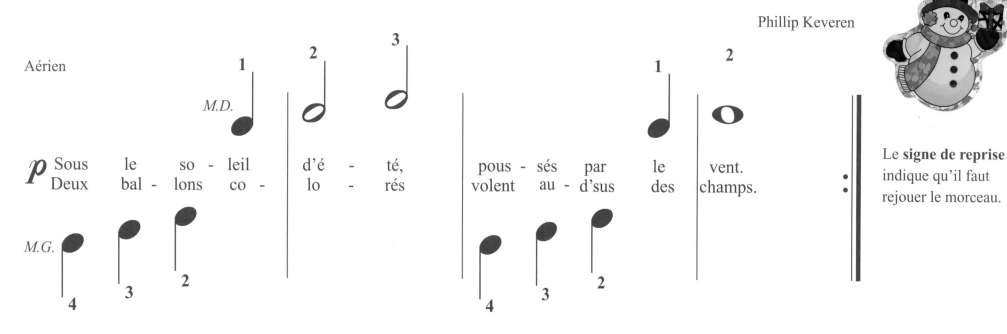

Aérien

p Sous le so - leil d'é - té, pous - sés par le vent.
Deux bal - lons co - lo - rés volent au - d'sus des champs.

Le **signe de reprise**
indique qu'il faut
rejouer le morceau.

Maintiens la pédale droite enfoncée pendant toute la durée du morceau.

Avec l'accompagnement, la note de départ de l'élève est : **22/23**

Aérien (♩ = 120) M.D.

M.G. *p*

le 16 dec

Le chat branché

Phillip Keveren

Rock

M.D.

Mon chat est une star du rock, c'est un gui - ta - riste de choc !

Ses so - los sont lé - gen - daires, il en est très fier.

Avec l'accompagnement, la note de départ de l'élève est :

24/25

Rock (♩ = 110)

mf

Gé-nial !

LES GROUPES FA SOL LA SI

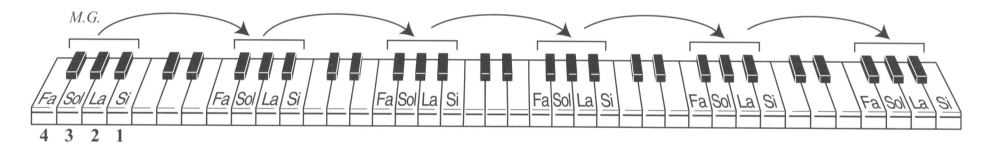

M.G.

4 3 2 1

La main gauche débute sur les touches situées à l'extrémité gauche du clavier.
Joue les notes Fa-Sol-La-Si avec les doigts 4-3-2-1.

Refais le même exercice en te
servant de la main droite et
des doigts 1-2-3-4.

26

Ma chanson avec
Fa, Sol, La, Si

Choisis un groupe de touches Fa-Sol-La-Si sur la droite du clavier. Tu les joueras avec la main droite ou la main gauche.

Écoute et essaie de ressentir la pulsation que te donne ton professeur. Lorsque tu es prêt, joue avec lui en te servant des notes Fa-Sol-La-Si en montant puis en descendant (Si-La-Sol-Fa).

Pour finir, improvise en te servant de ces quatre notes dans le désordre.

Amuse-toi bien !

Accompagnement 26

Rock (♩ = 130)

Répéter autant de fois qu'il le faut | *Dernière fois*

27

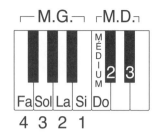

Fa Sol La Si Do
4 3 2 1

M.G. M.D.

le 16 dec

Plongée sous-marine

Mystérieusement

Phillip Keveren

M.D. **3** **2** **3** **2**

p Au fond de l'o- | cé - an, | dans mon sous - ma - | rin.
C'est la plus grosse | tor - tue | que j'aie ja - mais | vue.

M.G. **1** **2** **3** **4** **1** **2** **3**

Maintiens la pédale droite enfoncée pendant toute la durée du morceau.

Avec l'accompagnement, la note de départ de l'élève est : 𝄢 ♭ 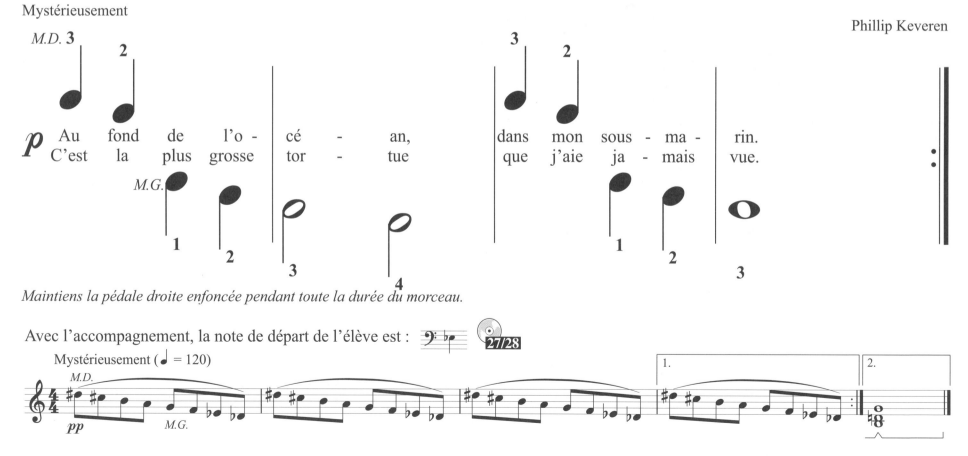 **27/28**

Mystérieusement (♩ = 120)

M.D.

4/4 *pp* *M.G.* 1. 2.

28

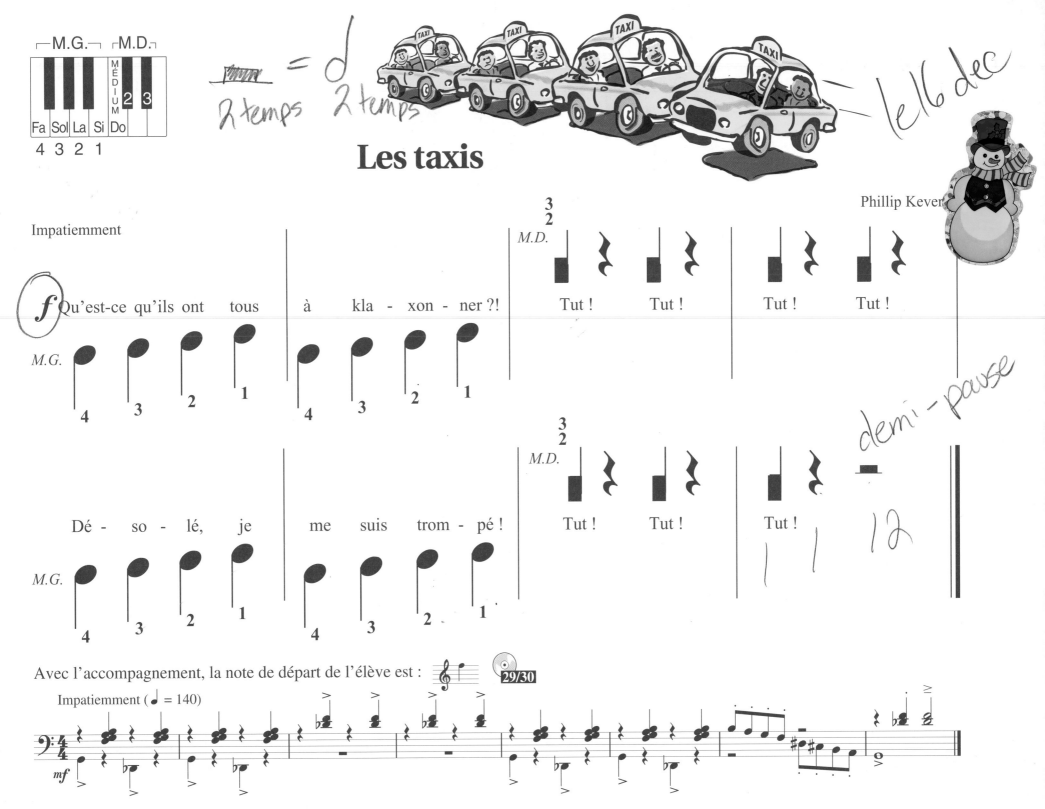

Les taxis

Phillip Keveren

Impatiemment

f Qu'est-ce qu'ils ont tous à kla - xon - ner ?!

M.G.

4 3 2 1

4 3 2 1

M.D. Tut ! Tut ! Tut ! Tut !

Dé - so - lé, je me suis trom - pé !

M.G.

4 3 2 1

4 3 2 1

M.D. Tut ! Tut ! Tut !

Avec l'accompagnement, la note de départ de l'élève est : **29/30**

Impatiemment (♩ = 140)

mf

29

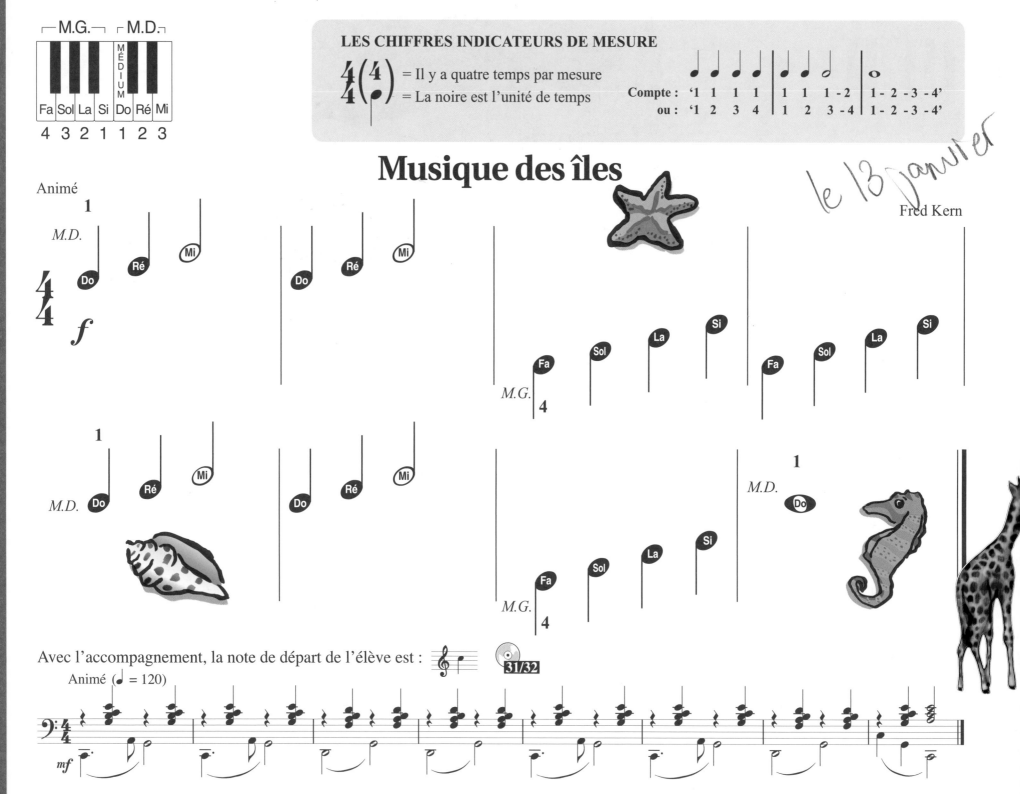

Musique des îles

Fred Kern

le 13 janvier

le 13 janvier

reprise

31

Mélodie du Dakota

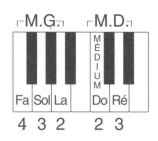

le 13 janvier

Chant indien

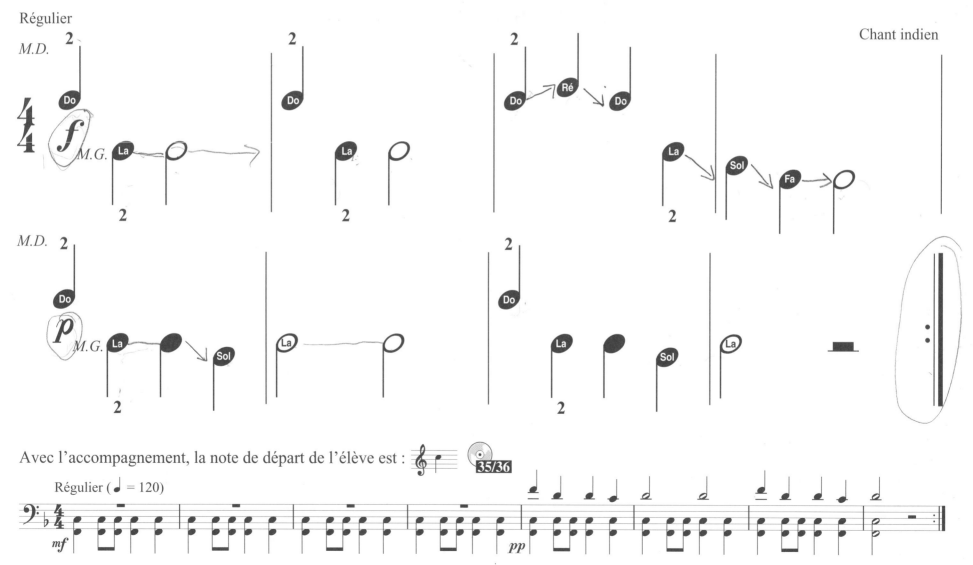

Avec l'accompagnement, la note de départ de l'élève est : 35/36

32

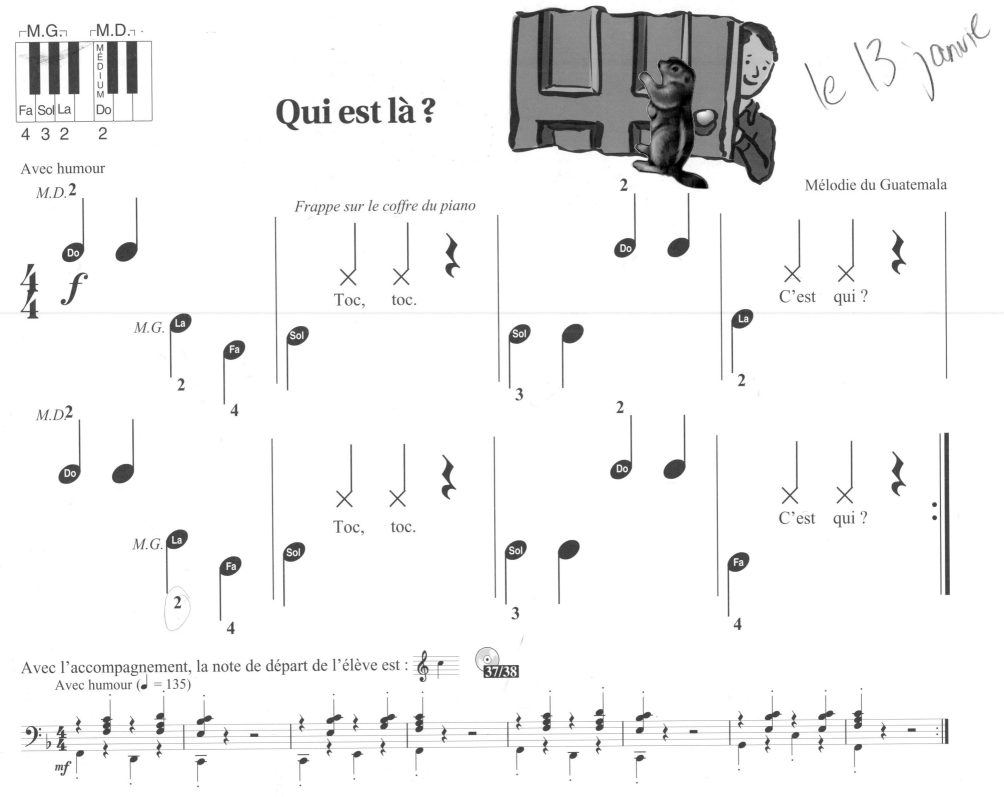

L'orchestre de la ferme

le 23 janvier

Énergique

M.D. **2**

Air traditionnel

Dans   une   ferme   en   A – mé – rique,   I – A – I – A – O.
J'ai   vu   de   drôles   d'a – ni – maux,   I – A – I – A – O.

f

M.G. Sol   La   Sol

3

Avec l'accompagnement, la note de départ de l'élève est : **39/40**

Énergique (♩ = 120)

mf

1.   2.

34

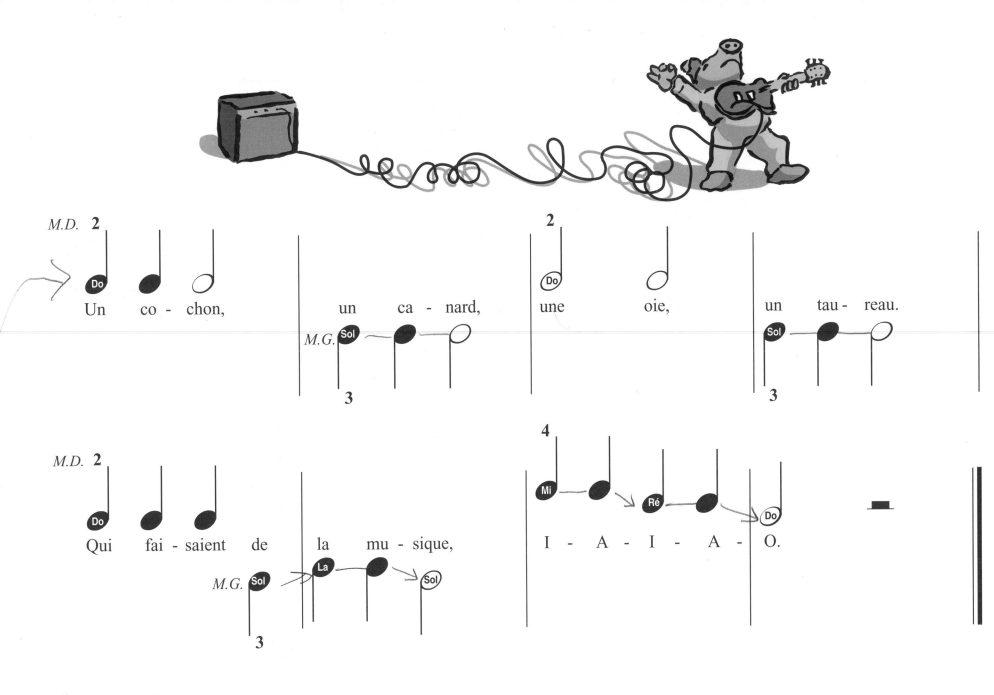

LA PORTÉE

Certaines notes se placent sur les **lignes**.

Certaines notes se placent dans les **interlignes**.

La musique s'écrit sur une **PORTÉE** composée de 5 lignes et de 4 interlignes.

5 lignes

4 interlignes

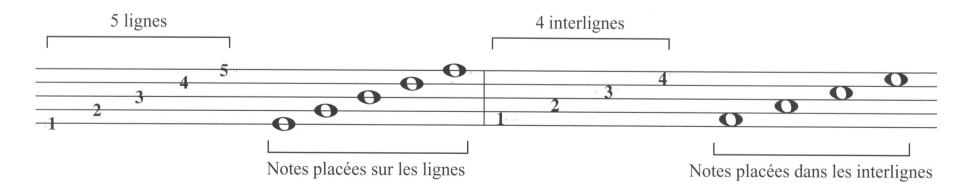

Notes placées sur les lignes

Notes placées dans les interlignes

LE MOUVEMENT DES NOTES

le 23 janvier

Les notes se répètent

Les notes se suivent (secondes)

Sur la même ligne   Dans le même interligne

De ligne en interligne ou d'interligne en ligne

En descendant   En montant

Titre : _____

Tu as déjà appris à jouer ce morceau.
Te souviens-tu de son titre ?

LA CLÉ DE FA 𝄢 :

Le symbole tel que nous le connaissons aujourd'hui
est dérivé d'un symbole ancien représentant la lettre F.

La clé de Fa se place sur la 4ème ligne de la portée

En général, les notes écrites en clé de Fa sont
jouées avec la **main gauche**.

La ligne passe entre les
deux points de la **clé de Fa**.

**La note Fa est le point de repère de la clé
de Fa**. En partant de cette note, tu p...
facilement trouver le nom des autres notes...

le 23 janvier

Cache-cache

En badinant

Mona Re...

J'ai fi - ni la de comp - ter. Je viens te cher - cher.

M.G. 4   f

Je t'ai vu, t'as per - du. Sors de ta ca - chette ! Hou !

*(Joue n'importe quel
Fa sur le piano !)*

Accompagnement 41/42

En badinant (♩ = 120)

mf

1.

2.

8va

38

LA CLÉ DE SOL

Le symbole tel que nous le connaissons aujourd'hui est dérivé d'un symbole ancien représentant la lettre G.

La clé de Sol se place sur la 2ème ligne de la portée

La ligne passe à travers la boucle de la **clé de Sol**.

En général, les notes écrites en clé de Sol sont jouées avec la **main droite**.

La note Sol est le point de repère de la clé de Sol. En partant de cette note, tu peux facilement trouver le nom des autres notes.

Sol, Fa, Mi

Tranquille
M.D. **4**

𝆑 Sol, Fa, Mi, Sol, Fa, Mi. En - core cinq mi - nutes.

Je vou - drais con - ti - nuer de jou - er.

Accompagnement 45/46

Tranquille (♩ = 120)

mf

40

La marelle

Mona Rejino

Animé

M.D. 4

f

Il faut de la craie, pour des - si - ner les traits.

5
2

Cases, nu - mé - ros, un pa - let et voi - là c'est prêt.

Accompagnement 47/48

Animé (♩ = 120)

mf

41

LE SYSTÈME
Une carte musicale

Fa   Do   Sol

Ré Mi Fa Sol

Fa Sol La Si

En notation musicale, la réunion de deux portées (ici la clé de Fa et la clé de Sol), groupées à gauche par une accolade, s'appelle un **SYSTÈME**. Cette carte musicale permet de savoir avec quelle touche il faut jouer.

Le **Do médium** sert de liaison entre la clé de Fa et la clé de Sol. Il se note à l'aide d'une petite ligne nommée ligne supplémentaire.

Dans cette position, les pouces se partagent le Do médium.

le 23 octobre

Ma meilleure amie

Joyeux

Inspiré de "Au Clair de la Lune"

49/50

Re   Mi   Re   Re Re

f Elle s'ap - pelle É - lo - die*, ma meil - leure a - mie. 2 3 4

Je joue a - vec el - le tous les mer - cre - dis.

* *Remplace "Élodie" par le prénom de ta meilleure amie.*

43

Le tambourin

le 23 octobre

Air traditionnel

Accompagnement (l'élève joue une octave plus haut.) 51/52

Vif (♩ = 150)

44

Il était un homme furieux

Air traditionnel

1. Il é - tait un homme fu - rieux qui a - vait les deux pieds en feu.
2. En sau - tant un peu par - tout, il glis - sa sur un sac de clous.

3. Le sac de clous éclata,
   Il se démit le poignet droit.

4. Le poignet à peine remis,
   Le bonhomme sauta sur son lit.

5. Sur le lit dormait son chat,
   Qui sursauta et le griffa.

6. Il le griffa tant et tant,
   Que l'homme s'enfuit à travers champs.

7. Sans boussole pour se guider,
   Il se perdit vite dans les blés.

8. Ne sachant plus où aller,
   Notre homme se mit à hurler.

9. "J'suis perdu", puis il se tut,
   On ne l'a plus jamais revu.

Accompagnement (l'élève joue une octave plus haut.)

Régulier
(♩ = 130)

1-8.

Dernière fois

45

Autrefois

le 23 octobre

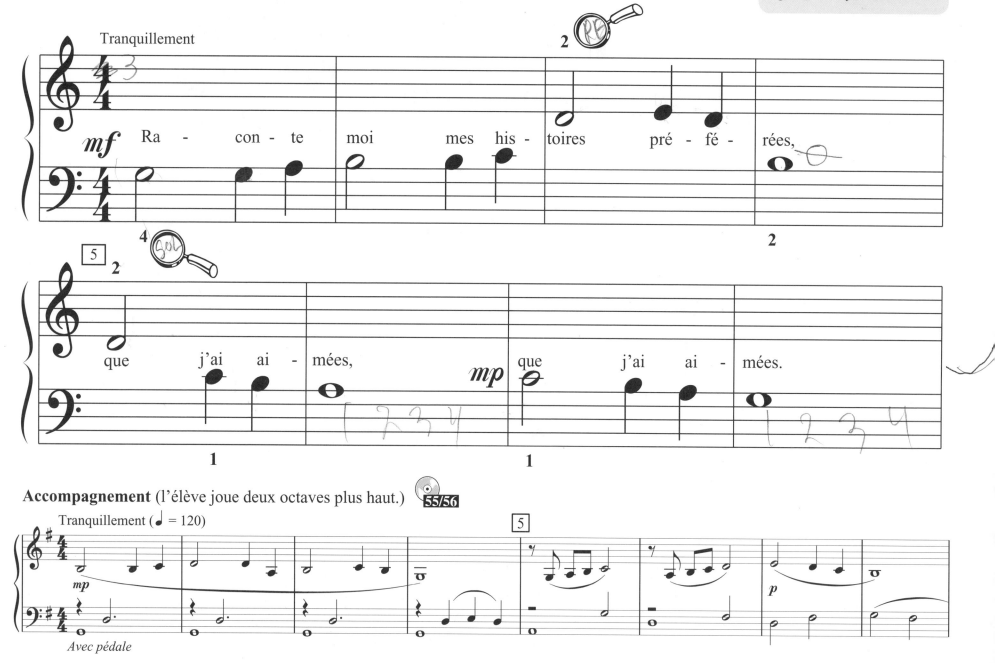

Tranquillement

mf Ra - con - te moi mes his - toires pré - fé - rées,

que j'ai ai - mées, *mp* que j'ai ai - mées.

Accompagnement (l'élève joue deux octaves plus haut.) 55/56

Tranquillement (♩ = 120)

mp

p

Avec pédale

46

MEZZO PIANO

mp

signifie : moyennement doux

Chante, chan - te - moi ces chan - sons du pas - sé,

que j'ai - mais tant au - tre - fois. *mp*

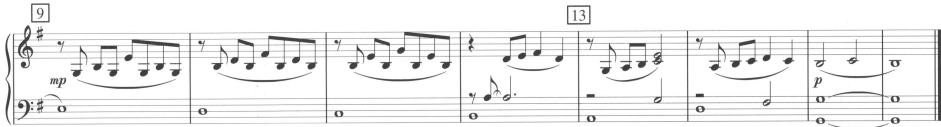

Misère et catastrophe !

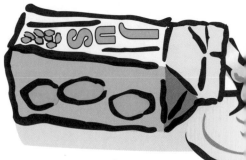

En badinant

Barbara Kreader

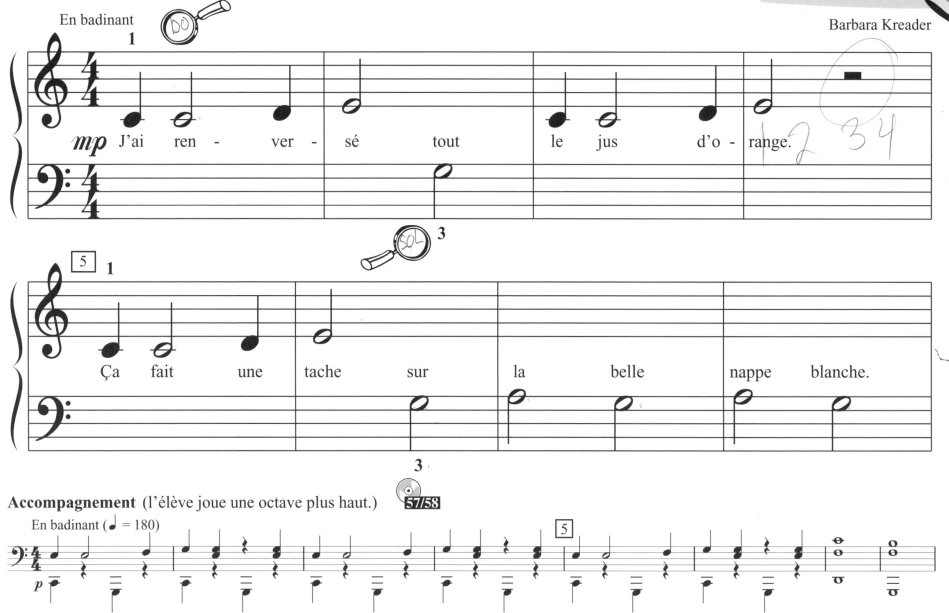

mp J'ai ren - ver - sé tout le jus d'o - range.

Ça fait une tache sur la belle nappe blanche.

Accompagnement (l'élève joue une octave plus haut.) 🔘 **57/58**

En badinant (♩ = 180)

p

Quelle ca - ta - strophe ! Ma - man va ren - trer.

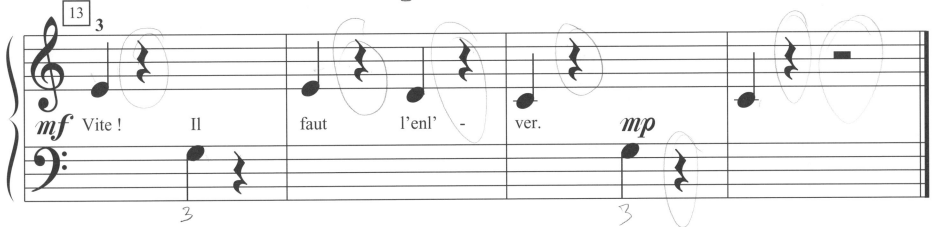

mf Vite ! Il faut l'enl' - ver. *mp*

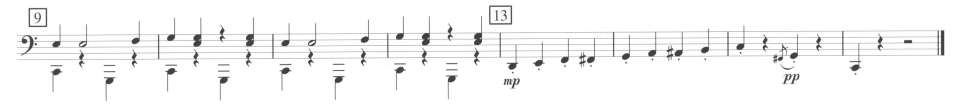

mp *pp*

49

CHAPITRE 5

UN INTERVALLE SIMPLE
La tierce

Si tu veux jouer un intervalle de tierce sur le clavier, il te faudra :
- passer de la touche choisie à celle située deux touches plus loin.
- passer du doigt 1 au doigt 3, du doigt 2 au doigt 4, du doigt 3 au doigt 5 et vice-versa.
- passer du Do au Mi, du Ré au Fa, etc.

Sur la portée, on obtient un intervalle de tierce en :
- passant d'une ligne à la ligne suivante.
- passant d'un interligne à l'interligne suivant.

D'interligne en interligne

De ligne en ligne

Tierce descendante

Tierce ascendante

50

Symphonie "La Surprise"

Joseph Haydn
(1732 - 1809)

En skateboard

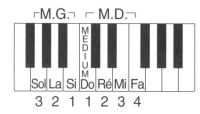

Énergique

Sur son skate Pierre s'est lan - cé, dans une course ef - fré - née.

Le vi - rage est ar - ri - vé. Boum ! Les pou - belles sont tom - bées.

Accompagnement (l'élève joue une octave plus haut.)

Énergique
($\quad$ = 130)

mf

La M.D. passe au-dessus de la M.G.

8va

52

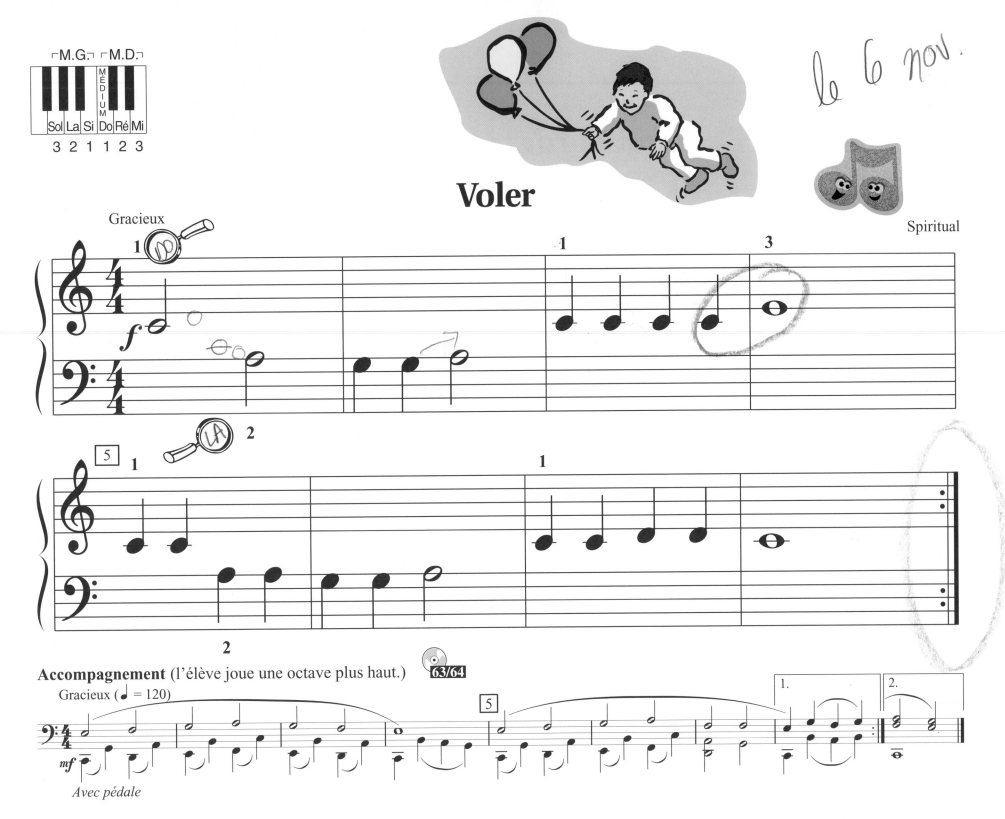

Voler

le 6 nov.

Spiritual

La conquête des étoiles

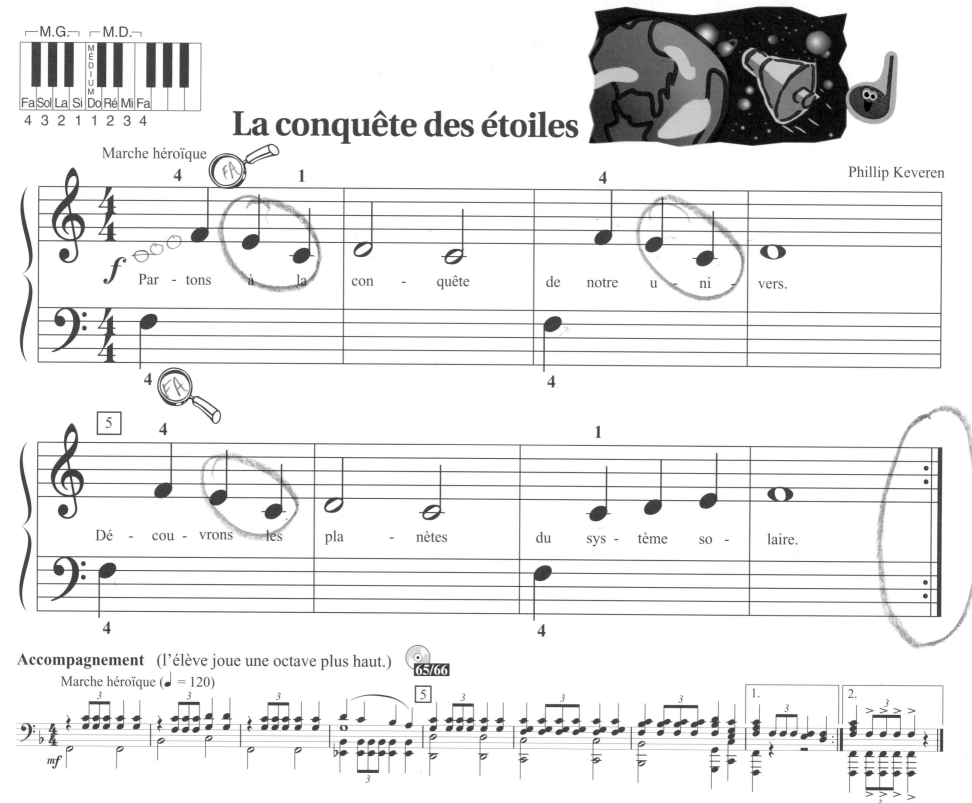

Phillip Keveren

Marche héroïque

Par - tons à la con - quête de notre u - ni - vers.

Dé - cou - vrons les pla - nètes du sys - tème so - laire.

Accompagnement (l'élève joue une octave plus haut.)

Marche héroïque (♩ = 120)

le 13 novembre

Moment solennel

Italo Taranta

Accompagnement (l'élève joue une octave plus haut.) 67/68

Adagio (♩ = 80)

55

le 13 novembre

D.C. (Da Capo) al Fine

À la lecture de ce terme ou de son abréviation, il faut revenir au début du morceau (*Capo*) et poursuivre jusqu'au mot fin (*Fine*).

Lee, mon ami

Allegro 69/70

Air traditionnel

Fine

mf Mon chien Lee est mon grand a - mi.

Il par - tage mes joies et mes peines, il est vrai - ment tou - jours fi - dèle.

D.C. al Fine

Un rayon de soleil

Mélodie tchèque

Animé

mf

Cou - rir, bon - dir, tour - ner et sau - ter, et chan - ter, rire et dan - ser, et

sif - fler, j'a - dore ça et on m'a dit que je suis un ra - yon de so - leil.

Accompagnement (l'élève joue une octave plus haut.)

Animé (♩ = 150)

mp

57

LA BLANCHE POINTÉE

La **blanche pointée** vaut trois noires.

= 3 temps

= 3 temps

Compte : '1 2 3'

Avec les mains : Tape tiens tiens

La trompette

La trom - pette sonne telle - ment bien. Doo wah. Doo wah.

On re - prend tous son re - frain. Oh, doo wah doo.

Accompagnement (l'élève joue une octave plus haut.) 73/74

Animé (♩ = 160)

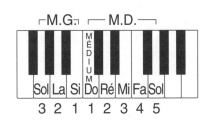

LES CHIFFRES INDICATEURS DE MESURE

$\frac{3}{4}\left(\frac{3}{\text{♩}}\right)$ = Il y a 3 temps par mesure
= La noire est l'unité de temps

Air écossais

Air traditionnel

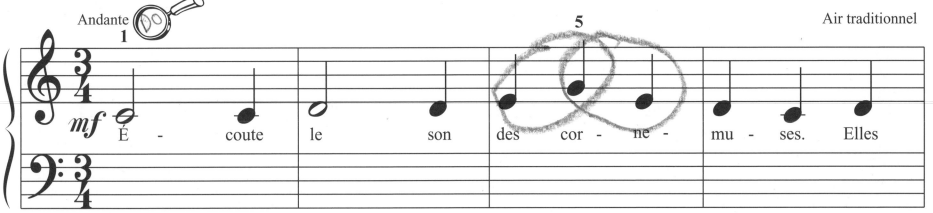

É - coute le son des cor - ne - mu - ses. Elles

jouent cet air é - cos - sais que l'on aime bien.

Accompagnement (l'élève joue une octave plus haut.) 75/76

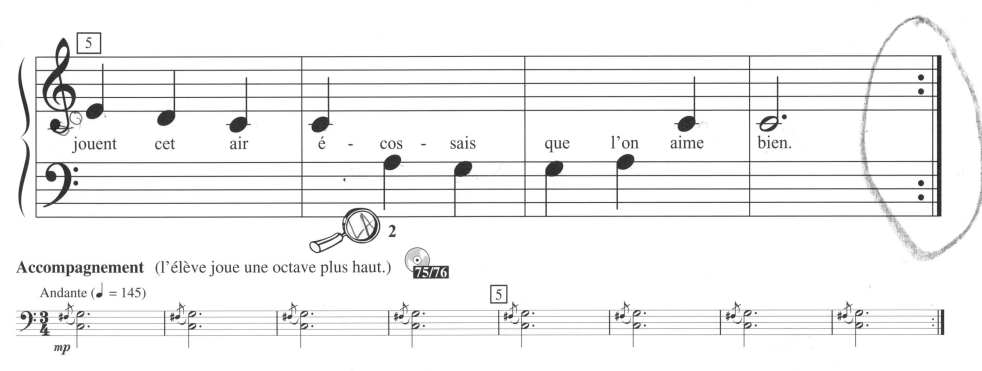

Andante (♩ = 145)

mp

59

Les pirates

Hardiment

Janet Feldman

LA LIAISON (DE PROLONGATION)

La **liaison** (de prolongation) est une ligne arrondie qui unit deux notes de même son. Elle prolonge le son de la première note de la durée de la seconde, sans la répéter.

deux notes = un son

1 - 2 - 3   lié - 2 - 3

mp Nous na - vi - guons sur tous les o - cé - ans.

Nous sommes les pi - rates.

Accompagnement (l'élève joue une octave plus haut.)   77/78

Hardiment (♩ = 150)

p

60

Des bi - joux, de l'or, de l'or ! Nous cher-

chons de beaux tré - sors.

Vers l'or

Phillip Keveren

Marche solennelle

Accompagnement (l'élève joue une octave plus haut.) 79/80

Marche solennelle (♩ = 90)

mf

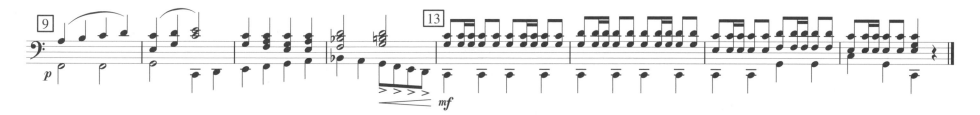